'고마운 선생님께 이
시집을 드립니다.'

윤기환 드림 *Y.G.Hwan*

불꽃 한 송이

윤기환 시인

불꽃 한 송이

실천 서정시선 106

초판 1쇄 인쇄 | 2025년 8월 20일
초판 1쇄 발행 | 2025년 8월 25일

지 은 이 | 윤기환
발 행 인 | 이어산
기 획·제 작 | 이어산
발 행 처 | 도서출판 실천
등 록 번 호 | 서울 종로 바00196호 등록일자 | 2018년 7월 13일
　　　　　 | 진주 제2021-000009호 등록일자 | 2021년 3월 19일
서울사무실 | 서울특별시 종로구 율곡로 6길 36
　　　　　　02)766-4580, 010-6687-4580
본사사무실 | 경남 진주시 동부로 169번길 12. 윙스타워지식산업센터 A동 705호
　　　　　　055)763-2245, 010-3945-2245 팩스 055)762-0124
편 집·인 쇄 | 도서출판 실천
편 집 장 | 김성진

ISBN

값 12,000원

* 이 책은 전부 또는 일부 내용을 재사용하려면 저작권자와 '도서출판 실천'의 동의를 받아야 합니다.
* 이 책의 국립중앙도서관 출판예정도서목록(CIP)은 서지정보유통지원시스템(http://seoji.nl.go.kr)과 국가자료종합목록시스템(http://www.nl.go.kr/kolisnet)에서 이용하실 수 있습니다.
* 잘못된 책은 교환해드립니다

불꽃 한 송이

윤기환 시집

■ 시인의 말

　저는 가끔 저 자신이 언어들이 자라는 정원이라고 상상합니다. 그 안에는 슬픔이 피워낸 검붉은 장미도 있고 기쁨이 맺어준 탐스러운 과실도 있습니다. 무심히 스쳐 지나갈 뻔한 작은 감정의 씨앗들이 때로는 숲을 이루기도 합니다.

시는 그 정원에서 피어난 꽃과 같습니다. 뿌리내리고 싹을 틔우고 꽃잎을 펼쳐 보이는 모든 과정은 고독하지만 아름다운 기다림의 연속입니다. 하나의 시가 완성될 때마다 저는 정원을 가득 채운 향기에 취해 잠시 세상의 시름을 잊습니다.

　제 시가 여러분의 마음에 작은 울림을 줄 수 있다면 더할 나위 없이 기쁠 것입니다. 부디 편안한 마음으로 저의 정원을 거닐며 각자의 마음에 드는 꽃 한 송이를 발견하시길 바랍니다.

2025년 가을의 입구에서 윤기환

1부
까치의 편지

석류	13
탱자나무의 추억	14
불꽃 한 송이	16
분재	18
식혜, 그 강	19
도라지꽃	20
폭염주의보	21
햇살 머금은 방울토마토	22
가로등	24
저녁 바람결에	25
까치의 편지	26
수박이 익어갈 때	28
봄이고 싶을 때	30
기다림	31
겨울 목련	32
군불	34
낮달	36
달과 할머니 그리고 나	37

2부
배추흰나비

계절의 속삭임	41
어름의 메타	42
수국 아래 서면	44
녹차	45
연못 위 실잠자리	46
배추흰나비	47
돌담 아래 채송화	48
거미줄	49
도시의 제비들	50
꽃은 어디에도 피더라	52
8월 어느 아침	54
동백	55
8월을 보내는 어느 아침	56
봄날	57
뜬구름	58
겨울밤	60
가을	61
부추 꽃	62
감	64

3부
화투의 미학

단팥빵	69
화투의 미학	70
비의 노래	72
파전 빗소리 그리고	74
옹달샘 별을 담다	76
보슬비의 속삭임	77
대숲의 노래	78
싸리꽃 추억	80
숲속을 거닐며	82
안주와 아무거나	84
토끼 사냥	86
돌담	88
그들에게 내일이란	90
그 이름	92
취중 진담	93
흔적	94

4부
모기장 속의 미학

모기장 속의 우주	99
몸살	100
내 그림자	102
핸드폰 중독	104
휴지의 연가	106
도시는 강을 키우고	107
새벽 창가에 서면	108
힘드신가요	110
홍대입구역	112
촉석루를 바라보며	113
울음 속으로	114
혼술	116
가난뱅이 아버지와 아들	117
엄마의 봄	118
빈 들판에 바람들면	120
시를 짓는 밤	122
뉴스	124
망향2	125
잠이 오지 않는 밤	126
해설	128

1부

까치의 편지

석류

단단한 껍질 속 붉은 심장이
잠들었다
햇살 아래 터져 흐르는
천 개의 눈물

어둠 먹은 뿌리
열두 번 달이 지고
터져 나온 웃음

갈라진 틈새 바람 스미고
나무는 밤새도록 돌아갈 곳 없는
씨앗을 센다

상처의 맛으로 영글어간 열매
저울추처럼 흔들리는
입술에 스미는 대답

탱자나무의 추억

햇살에 젖은 가지 끝
과거란 열매가 주렁주렁
껍질 속엔 단내 대신
쓴맛의 계절이 익어간다

뿌리는 땅속 신화를 파고들고
껍질은 갈라진 노트 표지 같아
한 송이 꽃이 흩날릴 때마다
잊힌 편지 한 장이 떠오른다

바람은 흔들린 추억을 훔쳐 가도
그늘은 강물처럼 길게 드리우고
못다 핀 청춘은 푸른 가시로
시간의 허리에 박혀 아물지 않는다

저물녘 탱자나무
멀리 사라진 이름들을

어두워진 하늘에 새기며
초석 되어 서 있다

불꽃 한 송이

햇살이 기울던 등성이에
발끝에 묻은 침묵 하나
바람의 지문을 훔친 꽃잎이
산책로의 틈새를 환히 밝힌다

한 송이 불꽃이 돌 틈에서
피워낸 고요의 화염
저만치 메아리치는 계곡물보다
더 찬란한 목소리로 지천을 적신다

밀려드는 안갯속에서도
뿌리 깊은 어둠을 삼키는
한 줄기 빛의 혀
바위의 굳은 얼굴에
새겨진 미소 한 뼘

내림 길에 허공을 그리는
흙의 문장 속 잊힌 마침표

저문 숲이 나를 삼키기 전
눈부신 무명無名이
내 그늘에 박힌 씨앗처럼

분재

비틀고 억제한 고통이
흙 속에 묻혀
어둠을 삼키는 뿌리의 시간

가지 끝에 앉은 별빛이
작은 숨결로도 우주를 품으라지만
사정없이 잘려나가는 청초했던 생각

온몸에 스며드는 고통을 쟁여
한 줌 남은 힘으로 밀어 올리는
시간을 앓고 있는 비밀의 방

그대가 나를 다듬던 고통의 시간만큼
나는 그대를 키웠으니
봄은 멀고 뿌리는 부실한데
추억되지 못한 마음이 자라는 사이

식혜, 그 강

노을이 강물에 스며들면
차가운 유리잔 속에서
출렁거리던 뭇 별의 군무
황금빛 시간 어머니의 옛 노래

당신의 미소에
배 한 척 띄우면
솔향으로 번지는 시원한 가을바람
내 몸속의 피돌기

흐뭇한 미소로 찾아오는
달달 시원한
어머니의 강

도라지꽃

종루에 매달린 숨결
하늘을 삼키기 전 풍선이 되었다

바람이 내리는 소리 말아 두었지
한 알의 별 부서져도
주머니는 참을 테니

목 놓아 울음도 보라색 되고
침묵은 줄기 되어 스민다
잊힌 속삭임처럼

피어나리라
잠든 별의 조각들처럼
꽃잎이 되어

폭염주의보

쇠망치를 내리치는
아스팔트는 가마솥 그 속에 갇힌 그림자들 길을
잃는다

창가에 매달린 바람은 약병처럼 침묵하고
시곗바늘은 유리되어 흐르지 않는
밀폐 병

나무는 하늘을 긁어댄다
잎새마다 SOS
신호탄이 되어 잿빛으로 스러진다

철 조각을 삼키는 목소리로 편지가 되어
도착하지 않은 가을 기다린다

햇살 머금은 방울토마토

푸른 울타리 끝
주머니 가득 빛을 훔친
작은 태양들이
손끝마다 맺힌다

한낮의 그릇에
새빨간 숨소리 멈추고
바람이 스치면
투명한 막 울림*이 된다

어린잎 사이로
굴러떨어진 시간들
입맞춤 자국으로
달콤한 폭죽이 된다

밤이 오기 전에
땅속 노래를 모아
다시금 터질

붉은 심장 하나

* 막 울림은 시적 표현으로 투명한 막(膜)이 진동하며 내는 소리를 은유한 것입니다

가로등

어둠이 발꿈치를 들면
철제 기둥이 허리를 펴고
한 알의 빛을 삼킨다

그림자들은 제자리를 찾아
발자국 아래 웅크리고
가로등은 차가운 어깨로
시간을 걸어낸다

밤새 별들이 잠든 고갯길
노란 눈을 깜빡이며
길 잃은 바람의 지도를 읽고
고요의 심연을 지킨다

새벽이 손을 뻗을 때
흐릿한 호흡을 남기고
다시 철야의 침묵 속으로
기울어지는 몸짓
한 줄기 빛이 스민다

저녁 바람결에

나뭇잎 하나 춤춘다

아슬히 흔들리는

가녀린 몸짓에
멈칫 발길 멈추니

작은 세상 보았네

애벌레 한 마리
잎맥 따라 오르는

삶의 무게를

까치의 편지

새벽이 종이를 접듯
하늘 가장자리를 접어 올리면
까막까치 소리 하나
푸른빛 서명이 적힌 봉투를
부리로 톡 찢는다

이슬 맺힌 가지 위
흔들리는 쉼표들이 어둠과 빛의 경계를
한 글자씩 옮겨 적을 때
아침은 비어 있는 우편함에
기대어 서 있다

까치의 노래는 닫힌 문 틈으로
미끄러진 빛의 조각

그 소리에
세상은 눈을 뜨고
창가에 앉은 하루가

종이비행기 되어
날아오른다

수박이 익어갈 때

칼날이 닿자 쩍 여름 한낮이
갈라진다

어린 날 툇마루에 앉아 한 조각
베어 물면
세상이 온통 달콤했다
씨앗처럼 박힌 별 헤며 밤이 깊어가는 줄 몰랐지

이제는 알것같다
그 붉음 뒤에 숨겨진 뜨거운 계절의 열정을
태양 아래 익어가는 동안 얼마나 많은 햇살을
담았을까

수박이 익어갈 때면
문득 잊었던 얼굴이 떠오른다
아스라한 여름날의 초상
함께 웃고 함께 울던 그 모든 순간들이 붉은
씨앗처럼 박혀 지워지지 않는 기억이 된다

껍질 버려진 자리
새로운 계절이 움트고
우리의 여름도
다시 익어가겠지

봄이고 싶을 때

봄이 오는 길목
얼어붙은 마음이 녹아내릴 때

차가운 바람 속에 숨겨진 따스함을 느끼고
새싹이 돋아나듯
내 마음에도 꽃이 피어나기를

어둠 속에 감춰진 빛을 찾아
희망의 씨앗을 심고
그 뿌리 깊어지도록
시간을 두고 기다리다가

봄이고 싶을 때
나는 내 안에 여유를 채우지

기다림

외딴섬 끝자락 까치발 동동 불 밝히는 등 대
지평선 너머에서 사랑님이
오시나 보다
울퉁불퉁 파도 길 넘어올 때
혹시라도 넘어질까
소쩍새 소쩍 소쩍 걱정을
삭히고
별빛들은 어둠을 헤집고 밤새워
두 눈 반짝이고 있나 보다
계수나무 매달린 그네는 주인 없이
흔들리지만
이제 곧 흰 새벽이 회를 치며
울 텐데
바다를 향해 달음박질치던 산들은
걸음을 멈추었고
희멀건 하늘에 낮달이 누웠다.

겨울 목련

꽃이 피고 진다는 것은

무너지고 쓰러져도
다시 일어선다는 것이다
골고다의 약속처럼

눈이 오고
바람 불어도
그 약속 움켜쥔 조막손이
되는 것이다

할마씨 입에서
"이제 늙어서 꽃도 없는데 베삐라"
소리를 들어도
잊힐세라 놓칠세라 뿌리 속에 신음을 감추는
일이다

어느 봄날

삭정이뿐인 꼭대기 가지에
연분홍 구름 한 점 걸어놓는
일이다

군불

불 맛을 좋아하는 아궁이가
장작개비를 찾는 밤이면
민둥산에 나목들도 솜 이불을
뒤집어쓴다

아궁이 속 화차가 굴뚝 위로 연기를 뿜으며
맹렬한 기세로 달려가면
놀란 구들장이 비밀을 지키지 못하고
구불구불 지도를 그리는 밤

간이라도 팔아야 겨울을 나겠다던 토끼는
거북이를 따라 용궁으로 갔을까
뒷산 부엉이 아줌마 조용한 걸 보니
부엉이 아저씨 사냥 갔다 왔다 보다

평평 내리는 눈 사이로 그림자 어슬렁 그리더니
아침을 깨우던 닭 울음소리를 훔쳐 갔나 보다
욕쟁이 할머니 육두문자가 닭 울음소리 대신

골목길을 달리는 아침
우리 동네 늦잠은 몽땅 욕쟁이 할머니한테
빼앗기게 생겼다

밤새 눈이 내린 아침이면
마을 이장님 목소리가 앰프를 타고 온 동네
구석구석 돌아다니며 엄포를 놓는다
마을 앞 버스 다니는 길에 눈을 치워야겠으니
한 집도 빠짐없이 한 사람씩 나오라고.

낮달

천지 분간도 못하는
낮달이 하늘 위에 떠 있다

긴 작대기로
툭,
쳤더니
연못 속에
풍덩

어쩜 좋니
온 동네 사람들 다 쳐다봤을 텐데

너 또 쪽팔리다고
한참 동안 잠수타겠네.

달과 할머니 그리고 나

아까부터 저 자리에
가만있는 걸 보니 헤아리던 별 숫자를
까먹었나 보다

환하게 웃으며 큰소리 뻥뻥 치더니
잘 됐지 뭔가
어두운 밤길이 걱정이었는데

리어카 밀고 가는 할머니
박스가 한가득인 걸 보니
온 동네 박스다 헤아렸나 보다

한 번이라도 까먹었으면 저렇게
꼬부랑 할머니가 되지는 않았을 텐데

순순한 쥔장을 기다리는
문고리에 걸린 숟가락처럼
반짝반짝 빛나는 문장 한 줄
기다리는 나는.

2부

배추흰나비

계절의 속삭임

햇살에 젖은 강아지풀
바람에 몸을 맡기면
수줍은 꼬리 흔들며
한 뼘 하늘을 그린다

잎사귀 속에선 여린 숨결이
구름 발자국 따라가고
땅속 깊이 뿌리내린 이름들
어린 발톱으로 간질여

저문 들판에 서성이는 그리움
강아지풀은 알까
스민 노을에 털 끝까지 타오르는
사랑의 형태를

한 송이 춤
영원히 어린 것들의 노래
미처 다 헬 수 없던
너와 나의 계절을

여름의 메타

철마다 변주되는 화자가
이번엔 태양의 펜으로
습기를 갈무리해 문장을 엮으면
백열의 각주脚註가 아스팔트를 배회한다

물감 대신 땀으로 쓴 초록색 연가
잎새가 접힌 교정부에서
과열된 동사들을 삭제하고
해변가 종이비행기 날려
시적 허가증을 발행한다

달빛이 캔버스에 번지는 밤
모기장 속 알파벳들이
주체 못 할 리듬으로 부글대고
메아리 통조림 열면
소리 없는 운율이 증발한다

여름이 여름을 해석하는 법

녹아내린 시계 속에서
철학 하는 모래알처럼
단 한 편의 시가
모든 장마를 가로지르며
자신의 서문을 삼킨다

수국 아래 서면

푸른 빗속에서 주머니를 털어내리자
꽃잎이 소리 없이 번진다
한 송이에 담긴 네 계절의 이야기

물든 달이 흙 속을 기어오를 때
뿌리는 지문으로 대답하네
그대의 침묵이 내 빛깔이라고

잎사귀마다 흔들리는 미장센
저무는 하늘을 삼킨 채
유리에 갇힌 바다가 되어

우산 위로 굴러내리는 빗방울
반짝이는 물빛 사이로
네 이름이 스며들던 그날의 향기

녹차

이슬에 얼굴 씻고 햇살에 말린
푸른 심장

선인仙人의 그림자
옛이야기 속삭이듯
한 모금 스며들면

산천초목 혀 위에 피어나고
세상의 쓴맛 잠시 녹아내려
푸르름만 남는다

찻잔 속 고요가 흔들릴 때마다
푸른 빛으로 마음을 적시며
침묵은 음악이 되어 흐른다

연못 위 실잠자리

바람 고요한 연못
한 점 푸른 빛이 스치면
물결은 옅은 시를 쓰고
햇살은 그 위를 달린다

날개 끝에 맺힌 하늘을
숨결로 삼키는 연못은
스치는 그림자마저
알몸으로 비춘다

떨림 없는 공기 속에서도
미세한 빛의 파문이
잠긴 시간을 건드리면
순간이 영원을 앗아간다

한 조각 푸른 시간이
물 위에 남긴 자국은
바람에 실려
다시 하늘로 오른다

배추흰나비

흰 종이 조각이 바람에 흩어지듯
한 점 두 점
검은 황혼을 그리는 날갯짓

밭둑엔 주름진 잎사귀들
파도처럼 굽이치다
스민 구멍 속으로 달빛이 새어 내리고

아침이 오면
수확한 미소 대신
눈부신 상처만 익어가네

떠도는 그 흰 망토 아래
땅은 속삭이네
차가운 봄은 또다시
철문을 두드린다고

돌담 아래 채송화

한 줄기 바람에
등짝 굽은 돌담
시간을 삼킨 노인의
침묵으로 서 있다

붉은 발자국 머물던
채송화
허공에 묻은 별들처럼
깨지기 쉬운 이름을 부른다

고요한 정적 속
잠든 강물의 뼈 위로
한 송이 꽃이
망각의 지도를 그릴 때

돌담은 그저
잊힌 계절의 무게를
한 줌 흙으로
삼키고

거미줄

달빛이 스며든 은실 한 올
침묵의 북을 두드리며
밤은 허공에 그물을 짓는다

바람이 스치면 살랑이는
투명한 함정 속에 시간이 걸리고
달팽이 길을 잃고 별이 미끄러지며
허영의 파편이 되어 떨어져도

그대 고요의 화가여
부서진 명주를 입에 묻고
다시 허공을 수놓는가

황혼이 실크를 삼키면
남아 있는 그물의 잔영이
별들의 맥박을 삼키고
끊임없이 잇는 실은
세상의 숨결을 묶는 매듭

도시의 제비들

빌딩 숲 사이를 누비는
넥타이 매단 현대의 제비들
서류 가방 날개 달고
출퇴근 전쟁 속 비행을 한다

카페인 연료로 날갯짓
스크린 빛에 눈부신 둥지
키보드로 벌레를 쫓고
회의실 처마 밑 맴도는 일상

연봉이란 먹이를 쫓아
둥지를 옮기는 도시의 철새들
고용 불안의 폭풍 속
흔들리는 삶의 균형

야근의 어둑한 하늘 아래
자유를 꿈꾸며 지저귀는
콘크리트 틈새의 영혼들

날개 편 채 잠 못 이룬다

끝없는 경쟁의 계절 속
잠시 쉬어갈 나뭇가지를 찾는
현대인의 갈망
한숨 섞인 노래가 네온 빛에 스민다

쉼 없이 달리는 도시 위로
계절은 어김없이 흘러가고
일상이란 둥지를 짓는
우리는 모두 도시의 제비

꽃은 어디에도 피더라

한 조각 바닷물이 꽃을 피우고 싶은가 보다

생떼를 부리는 아이처럼
염전 한 자락 차고앉아 짠물밖에 없는 몸을
쥐어짜고 있다

바람은 안다

흐르는 강물은 조용한 아침 안개꽃을 피우고
서산마루 걸터앉은 석양
내일을 가득 채울 소망으로 피어나고
깜깜한 밤하늘 희망 총총 피어난다는 것을

그냥 피는 꽃은 없더라

겨울을 선택한 죄로 향기를 버려야만 했던 동백
하양 눈 내리는 밤 동박새 울음 따라 붉디붉게
피어나고

수십 년 목불인 듯 비우고 또 비운 오동나무
장인의 손길을 따라 깊다란 울림과 함께 아련한
꽃이 피는 거더라

대나무가 꽃을 피우고
아슬한 절벽에 매달린 풍란이 꽃을 피우고
염전에 녹아있던 갈매기 눈물에도 꽃이 피더라

8월 어느 아침

하루를 걸머지고 어디론가
떠나가는 구름 한 조각

까치가 물어다 놓고 간 태양빛이
아침 가득 눈부시다

하늘 위 뭉게구름 어머니 같고
동무 같은데

구슬픈 뻐꾸기 소리
아지랑이 너울진다.

동백

동박새 울음마저 해를 쫓아 달빛에 젖는 밤
붉디붉은 봄밤이 외롭다

언제부터였을까
봄을 벗어던진 그가 얻을 수 있는 건
외로움이었고 너무 큰 자유로움은
구속이란 걸 알았다

인생이 희극이라면
겨울이 남기고 간 그림자가 삭정이였고
봄날에 피어나는 꽃들은 자유를 얻기 위한
몸부림이었던 것이다

봄이 아니라 겨울이어야만 했던 동백
떠나야 하는 이방인이 되어 봄날에 누웠다.

8월을 보내는 어느 아침

한층 서늘해진 새벽이
아침잠을 접으면
산허리 배고 누웠던 구름
스멀스멀 하늘로 올라간다

까치가 물고 온 태양빛이
마루 위까지 차오를 때면
떠날 채비를 하는 매미들
울음소리 애달프다

하늘 위 뭉게구름 어머니 같고
동무 같은데

골 깊은 산사의 독경소리처럼
철 지난 뻐꾸기 소리 안개비에
젖는다.

봄날

늙은 벚꽃나무가
길을 간다

몇십 년 동안 찢기고 헤지고
얼룩진 옷을 입고

꽃을 피우자니
힘이 들고

꽃을 포기하자니
날이 너무 좋다.

뜬구름

언제라도 손만 뻗으면
잡힐 것만 같아요

한 번에 올라갈 수 있는 사다리가
있단 소리에 나는 나를 버려요

한 계단 한 계단 쌓아가던
계단은 잊어버렸나 봐요

어항 속에 갇힌 물고기처럼
바둥거리는 초라한 자아만
있을 뿐 잡히지 않아요

몸과 마음이 만신창이가 되었을 때
가시덤불 속에 피어있는
이름 모를 풀꽃 한 송이

나는 나를 보아요

저렇듯 죽을힘을 다해야만
한 송이 꽃을 피울 수 있단 것에
눈물이 나요

이 세상에 그냥 살아지는 것은
아무것도 없단 것에
나는 나를 보듬어요.

겨울밤

가랑잎마저 가고 없는 길 위엔
가로등 멀쩡게 서있고

활처럼 휘어지신 어머니 등짝처럼
초승달 떠있는밤

덩칫값도 못하고 남의 집에 얹혀살던
뻐꾸기
떨어진 오동잎을 붙잡고 징징대던 귀뚜리
소식 없는 것들은 떠돌다 구름이 되기도 한다는데

별은 다 익어 떨어지고
꾸벅꾸벅 졸던 꿈이 기다리는 건
달빛 한 줌 가려줄 어둠이라는데

익지 못한 별빛만 드문드문
앉았다.

가을

푸른 하늘
잠자리 놀라 카고

맥주 두 캔 샀어
산책 가자고

그냥
이쁘니까

울긋불긋 찍어 바르지 말고
퍼뜩 나온나

부추 꽃

손바닥만 한 텃밭에
옮겨놓고

물 한 바가지 주기도 아까운지
누런 똥물만 퍼붓는다

헝클어진 머리는 산발을 하고
누가 보면 손가락질이라도
할까 봐

구석지 처박아놓았던 낫을 들고 와
몽땅몽땅 자르고
도랑물 한 바가지 퍼붓고
돌아서는 당신

그래도 살자 하니
살아지더이다

똥 밭에 굴러도 살 만한 세상
헝클어진 머리 위로
꽃 한 송이 피웁니다.

감

돌멩이처럼 단단하고
떫기만 하던 감,

빨갛게 얼굴을 붉히고
고개를 숙였다

떫게만 살아온 지난날이
후회가 되나 보다

우리도 그렇다.

3부

화투의 미학

단팥빵

구름을 빚은 듯 부드러운 몸짓
어머니 품 같은 온기가 스며든다
오븐이 심장을 달군 채
달콤한 비밀을 속삭이면

흰 밀가루 속에 갇힌 붉은 석양이
살짝 틔운 입술로 웃는다
한 입 베어 물면
차갑던 시간들도
따뜻한 꿀물에 녹아내린다

속살은 지도 없는 보물 상자
흘러넘치는 달빛을 주워 담았지
바싹 마른 세상에 한 조각 축복
달아오른 혀끝
눈 감으면 어린 시절 풍경이 번진다

화투의 미학

한 장 뒤집히는 소리에 달이 흔들리네
비취색 등나무 아래서
사십팔 장의 계절이 손안에서
춤추는 밤

광목에 걸린 두견새는
잃어버린 사월의 편지를 물고 가더니
강 건너 붉은 점 하나
아득한 꿈의 무게로 떨어져

피던 매화는 이삭이 되어
누군가의 젖은 눈동자에 스민다
오장五章의 비바람에도
종이꽃은 허리 곧추세우고

산천은 주름진 손바닥 위에 펼쳐지고
피어나는 승부의 꽃잎은
쓰러진 달빛 위로

한 줄기 시가 된다

밤이 깊어도 패는 돌고도네
흩날리는 월편月片 아래
어느 날 내가 던진 그림자도
저 별들의 역이 되리라

월편月片 :마주 대하고 있는 저쪽

비의 노래

진흙 숨은 보석처럼
굴곡진 등에 별을 새기고 침묵의 땅은 노래로
젖어든다

밤은 그를 사족보행 시켰고
발톱엔 시간의 가루가 쌓이지만
못다 핀 달빛을 삼키며
그는 목탁이 되어 울었다

세상 다 짊어지고 가는듯한
굴뚝 연기 같은 목소리
가장 투박한 설법이
가장 높은 하늘을 찌른다며

강물은 새끼 손가락 잡고
올챙이의 꿈을 흔들지만
진흙 속에서 피워낸 혓바닥이
갈라진 땅 위에 별을 적는다

두꺼비는 돌아앉아
자신이 버린 허물로 세상의 상처를 덧대고

또 한 번의 노래를 부른다

파전 빗소리 그리고

창밖 멍든 하늘 왈칵 눈물 쏟으면
부추전 노릇한 연기 아득한 땅의
숨결 토해낸다
은행잎처럼 축축이 젖어드는 오후 지평선 너머로
스미고

탁배기 잔 속
흐르는 구름 뽀얀 젖빛 강물이
입술에 닿아 흐르는 밤의 우유
시간마저 무릎 꿇고 잠든 듯 병아리 꽃향기
아련하고

빗방울 유리창 두드릴 때마다
내 그림자 부서진 달 되어
접시 위 파전의 노란 속살에 스미고
그릇에 담긴 우주를 삼키면
빗소리는 내장의 지도를 펼쳐내듯 번져
온몸은 축축한 대지가 된다

오늘은
잠긴 서랍 속 낡은 편지처럼
부풀어 오르다
빗물에 녹아내려 침대 위로 흘러드는
밤의 축축한 심장 박동

옹달샘 별을 담다

달빛이 물방울에 스며들면 하늘을
삼킨 거울이 되어
밤새 우는 별의 눈물을 모아 한 잔의 시간을
담아두는데

돌들은 말없이 앉아
깊은 속삭임 세월의 이음줄로 묶고
터지는 버들꽃은
땅속에 잠든 뿌리의 노래를 빌려온다

어스름에 젖은 나그네가
손바닥으로 푸른 그림자를 쏟아내면
샘물은 그를 향해
미지의 이름으로 속삭인다

물은 길을 잃지 않아
오직 돌과 하늘 사이 흐르는 침묵의 고리를 따라
물길을 새길 뿐

보슬비의 속삭임

아침이 눈썹을 적시며
은빛 실루엣으로 내려온다
하늘은 스민 비단 위로
수줍은 신부의 발걸음

길어진 그늘에 묻은 별들이
거미줄에 구슬을 꿰어두었네
한 방울 스민 창가의 이파리
침묵의 오르골처럼 잠든 시간

부서진 유리잔 속에서
바람이 노래하는 목소리
흩어지는 안개 속에선
어제의 상처가 물결진다

햇살이 손끝에 맺히기 전
흙속에 쓴 편지를 남기고
보슬비는 발자국 없이
미완의 시 한 편을 감춘다

대숲의 노래

푸른 혀를 내민 채 하늘과 속삭이는
대나무들은 발자국 없는 합창단
한 올의 바람이 지휘봉 되어
잎새마다 악보가 피어난다

깊은 밤 그들은 허리를 숙이며
뿌리 속에 묻은 달을 씹고
서로의 그림자를 잠금으로써
어둠을 가볍게 삼키는 법을 배웠다

삐걱이는 무릎 소리가
시간의 를르륵 흘러
굽은 등 위로 별들이
미끄러질 때

대숲은 제 몸을 휘파람으로 만들고
바람은 지나가도 노래는
땅속에서 뼈를 만든다

어떤 침묵도 여기선
잠들지 않는 이파리로
다시 태어난다

"를르륵"은 시간이 대나무 숲을 흐르는 소리를 형상화한
의성어입니다

싸리꽃 추억

푸른 연기처럼 흩어지는
너의 이름을
저문빛이 삼키기 전에
한 줌 주머니에 넣는데

잎새마다 달라붙은
시간의 촉각이
스르르 문지방에 묻은
보랏빛 유년을 깨우고

멈춘 그네 위에
너의 향기는
허공을 짚는 법을 잊은
손끝에서 맴돌다

바람에 실려 간 꽃잎은
아스라이 강물 위
잠든 달의 숨결에

젖어 버렸을까

이제 허릴 펴는 초여름밤
그늘진 창가에
싸리꽃 한 송이
내밀었던 손의 기억이
흐르는 별빛 속에
스미어 간다

숲속을 거닐며

고독한 숲의 속삭임은

세상의 소음 속에 잠자고 있다

잔잔한 파문처럼 울린 내면의 목소리는

때로는 욕망으로 때로는 소망으로 고개를 든다

햇살에 반짝이는 푸른 잎새들은

바람에 몸을 흔들며 자신만의 노래를 부른다

그 노래에 귀 기울이며 우리는 잠시 멈춰 서

자연의 아름다움에 감탄하게 된다

그리고 다시 걸음을 옮기며

이 순간의 소중함을 간직하며 앞으로 나아간다

사람 사는 세상에서도

고요한 숲의 여유로움을 찾을 수 있다면

우리는 조금 더 행복해질 수 있을 것이다

안주와 아무거나

힘들게 끌고 온 세월은 어디쯤
주저앉은 것일까
힘들다고 말하는 사람들이야
많았지만 때맞춰 꽃은
피지 않던가

뜬구름만 쫓다 허비한 세월이
그 얼만데
또다시 헛발질을 하려는 너
털어서 먼지 없는 놈 있을까
웃기는 이야기가 인기는 있지만
세상을 낚을 수 없고

나라 살림 거덜 내도
목이 말라 땅을 팠다는 코끼리
어미 잡아먹은 사마귀를 벌할 수
있을까

양으로 승부한 대파는
쪽파를 원망하지만
빗자루는 쓸기만 했고
청소기는 빨기만 했다는데
요즘 고추는 더 맵다

무궁화보다 '사쿠라'가 더 많은
우리나라

그래도 대나무는 옛날부터 막걸리를 먹어야
뼈마디가 튼튼하다는 걸
잘 안다

토끼 사냥

눈 위에 찍힌 발자국

닭서리까지 해보았으니
간이 커질 대로 커진 개구쟁이들

뽀드득뽀드득 발자국을 집어삼키는 소리가
호랑이라도 잡아먹을 기세다

남겨진 발자국이 올가미가 되고 그물망이 되어 굴 앞까지
다다랐을 때

나는 보았다

나를 향해 달려오던 멍멍이가 택시에 부딪혀
죽어가던
모습을

토끼와 나 사이 핑계 있는 무덤이 생긴 것이다

어, 어, 어하는 순간 나는 겁쟁이가 되었지만
깔깔깔 웃고 있는 멍멍이를 보았다.

돌담

천년만년 살아낸 생들이
산에 6번지라는 주소로
살아간다

서로의 등을 배고 누워
아직도 찾지 못한 내 별 하나를
찾으면서

세면 바닥이 판을 치고
새마을운동이 골목길을
장악하던 시절

삐뚤빼뚤 촌스럽다는 이유로
곡괭이와 삽자루 앞에
얼마나 많이 헐리고 무너졌던가

몸뚱이 하나로 세상과 부대껴온 그들은 안다

아무리 힘들고 괴롭더라도
한 줌 시멘트 손에 쥐는 순간
천년이 헐리고 만년이
무너진다는 것을.

그들에게 내일이란

거북이는 바쁜 것 없다며 평생을
차 한번 타본 적 없고
고래는 지느러미가 있으니 지는 해
따라갈 필요가 없었겠지

까치가 물고 오는 내일을 기다리지
못하고
차들은 매연을 뿌리며 오늘을
마비시키려 하고
비행기는 오늘을 미끼 삼아 내일을
낚으려 하는데

사글세 골방 하나 전 재산을 걸어놓고
세월을 낚으려는 방인들
머리 위엔 눈이 쌓이고
얼굴엔 수심 깊은 강이 흐르지만 보지
못하고
꾸부정한 산 하나 넘지 못하네

벼락 맞을 빈 깡통은 세상 구석구석을
물어뜯으며
용감하게라도 살 더구먼.

그 이름

멀어서 들리지 않는 부름은 이제
잊으렵니다

탁한 목소리로 부르고 싶지 않은
그 이름

안개꽃 가냘픈 떨림이었고

햇살 좋은 봄날
양지바른 무덤가의 까치발 치켜세운 민들레 같던

이제는
비눗방울 속 무지개 같은 여운으로 남기렵니다.

취중 진담

냄새난다 더럽다
쌀쌀맞게 굴다가도

술만 취하면 끌어안고
밤새도록 놓아주질 않는다

믿어야 할지 말아야 할지
헷갈리지만

양변기라는 이유로
좋으나 싫으나 어쩌겠는가

다들 말하길,
취중 진담이라 하지 않던가.

흔적

일그러진 삶 속에도 꽃은 피고
어스러진 낙엽 위에도 태양은 비춰더라
기억 저편 또렷이 박혀있는
뒤안길의 멍에

암자 옆 돌부처처럼
스님의 염불소리에 두 손 모을 수 있으려나
아님, 사철 푸른 솔가지처럼 마른 솔잎
내려놓고 구르는 잎새들의 이야기를
들을 수 있으려나

차오르면 비워내는 욕심 없는 달님처럼
온밤 꼬박 불 밝히는 길라잡이 등대처럼
빨랫줄에 등을 내준 마음씨 착한
바지랑대처럼
바람처럼 구름처럼 살아낼 수 있으려나

숟가락 내려놓는 날 누가 너를 기억해 줄까

길 위에 발자국 지우는 그날까지
한 점 부끄럼 없이 흔적 지울 수 있기를.

ced by 'd be your to a fa't or to 's t 있
4부

모기장 속의 우주

모기장 속의 우주

밤이 입을 벌리자
검은 별들이 윙윙대며 혀를 내밀지만
우리는 투명한 궤도 안

바람이 짜 낸 그물코마다 은하수가 흐르고
날카로운 침 끝에 별빛이 부서지는 밤

한 줌의 공기로 지은 성
미세한 맥박을 삼키며 유리공처럼 잠긴 내 호흡은
깊은 우주를 달린다

햇살이 아침을 깨우면
그물망에 걸린 수만 개의 해골 속에서
나는 다시 태어나네 무중력의
알처럼

몸살

태양이 갑자기 진흙탕에
빠진 듯
뼈 사이로 스며든 회색 안개
근육을 짓누르는 낯선 중력의 언어

발목을 휘감는 늪이 시간을 삼키고
손가락 끝에서 흩어지는 별의 파편
열은 불꽃이 되어 목젖에 번져가는 투명한 용암

관절에 박힌 녹슨 말뚝들
바람에 부서지는 소리
폐 속에 서린 가을 호수
기침으로 얼음 조각이 튀어오르면
거울에 갈라진 세상이 흔들린다

그러나 발밑에서
흙을 뚫고 나오는 뿌리들의 속삭임
어둠을 가르는 푸른 혈관의 강

세포마다 피어나는 미닫이 창
아픔이 남긴 틈 사이로
새 잎이 스며드는 계절의 역설

내 그림자

붉은 노을이 발끝에 멈추면
너는 내 몸에 핀 침묵의 꽃잎이 되어
뿌리 내린다
한낮의 소란도 밤의 무게도 네 잎줄기로 스며들어
내 모든 어둠을 삼키는 수호자처럼

가끔은 창백한 벽 위로 흐르는 한 방울의 물감이
되어
내 어두운 욕망을 그리다 지워지고
새살처럼 돋아나기도 하지

발자국이 길을 잃어도
너는 내게 남은 유일한 나침반이 되어
어깨에 기대어 그늘의 지도를 읽는다
거울 속에서마저 네가 부서져
어둠과 한몸이 되어도

아침이 오면 네 잎새가

발아래서 피어나는 검은 향기
너는 영원히 내게 남은 낯선 역
서로의 이름을 묻지 않은 채
단숨에 세월의 강을 건너는

핸드폰 중독

밤의 강가에 서 있는
파란 불빛들의 숲
손가락이 스치는 유리 속에
눈동자가 녹아내린다

천 개의 별이 흩어지는 채팅창
깊은 바다를 삼킨 알림 소리
공허가 쌓여 간다
빈 벽지 위로

스크롤은 끝없이
추억을 갉아먹는 모래시계
잠든 얼굴 위로
흐르는 파란 강물은
그대로 달을 삼키고

어둠이 기어드는 창가에
흔들리는 나무 그림자

유리 속에 갇힌 손가락이
한 줌의 별을 찾을 때
침묵이 눈을 뜬다

휴지의 연가

나무의 숨결이 흰 강으로 흘러
한 올의 눈물이 되던 날
종이 뭉치 속에 갇힌 나는
말리어진 시간을 접었다

몸을 감추는 순간마다
누군가의 아픈 밤을 닦았지
부서진 별처럼 흩날리며
잠든 상처에 입맞추듯

말 없는 백조가 되어
날개를 적시던 그 손끝에선
내 이름이 스러져 갔고
마지막 주름 속에선 바람이 탄생했다

물결에 젖어 흐릿해질 때
나는 비로소 강물이 된다
흙으로 안개로
사라짐의 노래를 부르며

도시는 강을 키우고

거리는 유리 어항 속을 헤엄치는
물고기들처럼 차창에 빛으로
일렁일 때
밤은 젖은 솜털로 하늘을 문지른다

네온은 아스팔트의 맥박을 삼키고
빌딩 숲은 허리까지 잠긴 채
자정의 숨소리를 뱉어낸다

길모퉁이 웅덩이에 비친 세월은
기억이라 이름 붙은 유리조각
지나가는 발자국마다 부서지며
흐르는 시간 속으로 미끄러진다

밤새 도시는 몸속에 강을 키우고
그 물결에 얼굴을 적신 이별들
비는 모든 이름을 빗물로 씻어내도
거리는 여전히 젖은 사랑을
내뿜는다

새벽 창가에 서면

창문은 깨지 않은 꿈을 삼키는
투명한 강이다
별들은 어둠 속에서 발자국을 남기고
이슬로 녹아 내린다

먼동이 틀 때
나의 그림자는 종이 위에 번지는 잉크처럼
조용히 흐른다
밤은 접히는 천 갈래 주름 속에
시간의 씨앗을 묻고

창가에 기대면
지평선은 빛의 바늘로
금을 그어가는 재봉사
해가 뜨기 전
모든 어둠은 내 안의
잠들지 않은 섬이 된다

새벽은 물감을 묻힌 화가의 숨결
어스름과 새빨강을 섞어
창유리에 번지는 수채화
나는 창문이 되어
아직 닿지 않은 빛과
다가오는 세상의
고요한 경계에 선다

힘드신가요

산꼭대기 나목
벌거벗은 몸으로 춥다 한 적
없고

차가운 겨울바람에
해안가 부서지는 파도
아프다 한 적 없으며

하늘 위 뭉게구름
이리저리 떠밀려도 귀찮다
한 적 없다

여름이면 겨울이 그립고
겨울이면 여름이 그리운 것이
인지상정人之常情 아니겠소

힘드신가요

삶은 오십 보 백 보라지요
결국 인생은 내가 나를
찾아갈 뿐인데 말입니다

홍대입구역

빠릿빠릿 발걸음들이 짧아진 오후 햇살을 밟고
지나간다

목 좋은 곳에 자리를 잡고 키재기를 하는 빌딩들
널따란 "텔레비전"을 매달고 상품 팔이 중이다

눈높이에 맞춰 살고 싶지만 만족을 모르는 눈빛들
서로 다른 미래를 향해 속내를 감추고 기다랗게
줄을 서서 묵언수행 중이다

밤낮없이 변해가는 세상 따라갈 수 없을 바에야
즈려 밟혀주겠다는 "에스컬레이터"
뒤처진 자의 배고픔은 언제나 늘 삐걱대는
푸념뿐이다

변하지 않으면 도태된다는 것을 알기에 계절을
벗어던지고 세계 각지에서 날아온 철새들
1번과 9번 출구 사이에서 환전 중이다

촉석루를 바라보며

남강의 푸른 물결 세월 따라 흐르고
나루터 뱃머리에
물새 한 마리

읊조린 시 한 수 용마루에 걸어놓고
논개의 푸른 충정 아직도
도도히 흐르건만

세월아 구름아 너 어디에
돌벼랑 밝은 달
그대로인데

촉석루 바라보며 떠난 임 그립고

꺼지지 않는 붉은 숨결
잔잔한 물결 위로 의암의 미소
윤슬 되어 흐르는 남강

울음 속으로

6년을 기다려온 사랑
나머지 생을 반납하고 그들이 선택한 것은
여름 한철의 사랑뿐

그들에게 파란 하늘은 전쟁터였다
그들의 울음소리는 총탄이다
큰 울음이 작은 울음을 쓰러뜨리고 그녀 앞에 선다

흰 새벽의 여명을 여는 것도 그들이었고
하루해를 접는 것도 그들이었다
울음소리에 지친 여름 햇살이 징글징글 뜨거운
이유이기도 하다

건너지 못하고 멈춰 선 파도가 섬이 되어갈 때
뜨거운 햇살 헐떡이던 들판에 잠자리 날았고
가을이 스며든 그늘에 귀뚜라미 운다

가을의 문턱 승리하지 못한 너

어쩌면 누군가의 바늘에 심장을 내어주고
씰룩이는 뱃심만으로 또 다른 계절을 건너겠다는
너

날지 못하는 잎새들의 날갯짓이 여름날 아름다운
초상肖像이었다면
사랑을 위하여 목숨 걸 수 있는 너는 진정한
사랑꾼이었다.

혼 술

그칠 것 같지 않은 비 울음 속에서 무언가를 찾고
싶어지는 밤

번갯불이 훑고 간 자리
여기저기 해지고 꿰맨 자국이 덕지 덕지 훈장처럼
매달린 삶이 고스란히 찍혀있다

마르지 않는 샘물처럼 콧등을 타고 흘러내리는
것은
공갈빵 같았던 내 인생에 대한 회한이리라

허접한 술상을 마주하고 잔을 들어보지만
그리움은 센티한 척 추억은 피식피식 코웃음만 칠
뿐

바람도 없이 혼자 내리는 비는 더 서럽게 울고

가난뱅이 아버지와 아들

"아버지, 오늘 빨간 글인데 하루 쉬면 안 될까"

야 이놈아, 배부른 소리하고 자빠졌네

삼시 세끼 꼬박꼬박 처먹고 배부르니까 보이는 게 없나 본데
길거리 나가봐라 일 없어서 배고픈 사람이 얼마나 많은 지

일 년 열두 달 쉬지 않고 일할 수 있다는 게 얼마나 고마운 일인데

못된 놈 같으니라고

정 피곤하면 방구석에 들어가
잠이나 자던지.

엄마의 봄

여기저기 싸질러놓은 봄바람 때문에 단 하루라도
편할 날이 없다는 엄마의 봄

집 하나사달라고 맨날 맨날 악을 쓰고 울어대는
뻐꾸기
누구를 닮았는지 툭하면 집을 나가 씨를 퍼트리는
민들레
욕심은 또 얼마나 많은지 아직까지 빈 땅은 많단다

졸졸졸 노래를 부르던 앞개울은 강물을
따라가더니 죽었는지 살았는지 소식조차 없다

그 나물에 그 밥인데 딸년들이라고 별 수 있겠는가

어미를 닮아 미인이라던 목련 지난밤 비바람에
툭툭 떨어져 어미 가슴에 멍울 지게 하더니
담벼락 위에 선머슴처럼 걸터앉아 깔깔 웃고 있는
장미, 자기가 무슨 5월의 여왕이란다

그래도 우리 집 대덜 보는 역시 미루나무다
순둥순둥 자라서 얼마나 이쁘던지, 그런데 이놈이
요즘 꼭대기에다 까치집 하나 지어놓고 온종일
먼 산만 바라보고 있으니 이제는 속이 타고 타서
먼지만 남았다

화려함 속에 감춰진 엄마의 봄
참나무에 붙어 분탕질이던 봄바람 지금은
청보리밭에 일렁인다

빈 들판에 바람들면

쨍한 바람이 빈 들판에
드러눕길래
나뭇가지에 매달려 같이 놀던
꼬리연이 걱정이다

해를 쫓던 고래는 노을 속 기러기의 해맑은 눈물을
보았을까

어둠을 관조하던 부엉 각시
솔가지 그늘에 가려 달빛을 품지 못했다는데
컴컴한 골방 천장에 매달아놓은
오족 전구는 어둠이 품다만 달빛은
아니겠지

사유가 분명치 않아 인기가 떨어진
국립중앙박물관이 오죽했으면
반가사유상을 2점씩이나 모셔놓고
사유의 방까지 만들었을까

빈 들판을 쪼고 있는 까마귀들
도시농부들의 억 소리 나는 천문학 공부에
왜가리들이 투입된 사실을
알고 있으려나.

시를 짓는 밤

낮게 내린 별들이 밤을 걷는 이들의
생각을 물어오면
입안에 구르는 시를 목 너머로 삼키렴

입술엔 건조한 한숨만 얹어
짧게 불어내야 해
세상은 섬세하지 않으니까

차마 다 녹여내지 못하고 가슴께에 맺힌
낱말들은 별이 주워 갈 거야
눈부시게 재잘대며 너의 이야기로
별자리를 이얼 거니까

경계가 모호한 달이 뜨는 다음 밤에는
눈가에 차오르는 파도를 맘껏 쏟아내렴
세상은 안개를 덮고 잠이 들 테니까

너의 별자리가 어둠을 헤매다 모두가

듣지 못하는 밤
비로소, 너의 시가 탄생하는 거란다.

뉴스

겨울 문턱을 넘든 가을이가
물벼락을 맞고 휘청거리고

포항의 바닷가 마을에선
몰아닥친 찬바람에 과메기 속살이
시퍼렇게 멍이 들었단다

이때쯤이면 들려오는
저녁 9시 단골 뉴스

강원도 대관령 인근 마을에선
황태와 먹태 사이에 갈등이
심해질 때라고.

망향 2

낼모레면 한가위

어머님 닮은 달이 떠있다.

내려오지 말라 시지만

전화기 너머로 들려오는 목소리는

그리움이 가득하다.

한숨 소리에 놀란 달이

구름 뒤로 숨는구나.

잠이 오지 않는 밤

달빛 한 잔을
마신다

그리움 한 조각 노릇노릇
익어갈 즘

별빛 한 잔을
마신다

어설픈 문장 하나
익을 생각은 않고
냄새만 풍긴다

잠이 오지 않는 밤

나를 채근하는 이 밤을
마시고

허공에 매달린 노곤을
오독오독 씹는다.

■□ 해설

『불꽃 한 송이』에 실린 주요작품 맛보기

강희근(시인, 경상국립대 국문과 명예교수)

I, 들머리

 필자는 시를 감상한다는 말 대신에 시를 맛본다는 말을 쓴다. 한자말 '감상'이라는 말이 그대로 풀면 모호하기 때문이다. 독자가 시를 읽고 받아들이는 것을 '맛보기'하는 것으로 치면 시를 매우 편하게 대할 수 있게 된다. 음식을 맛보듯이 시를 맛보면 되기 때문이다. 음식을 맛보는 사람은 혀에 전달되는 음식의 맛을 머리를 쓰거나 그 음식이 만들어지기 전의 자료를 분석하여 맛을 보지 않는다. 그냥 혀에 와닿는 맛깔을, "달착지근하다, 짜다, 맵구나"라고 말하게 된다. 그러니까 맛은 맛봄과 동시에 오는 것이므로 직관과 관련된다. 말하자면 직관의 작용으로 맛보기를 하게 되는 것이다. 윤기환 시인의 시 70여 편은 그의 인생 이력인 셈이다. 그의 시를 맛보기 하는 단계는 네 단계로 잡는 것이 좋겠다.

제1단계 – 스며드는 맛보기
제2단계 – 퍼져나는 느낌 잡기
제3단계 – 가슴 울리는 자리 젖어들기
제4단계 – 화자(말하는이)의 자리 서보기

Ⅱ. 윤기환 시집 속에 있는 주요작품 7편 맛보기

주요작품으로 「분재」, 「식혜, 그 강」, 「까치의 편지」, 「녹차」, 「수박이 익어갈 때」, 「겨울 목련」 「8월 어느 아침」, 등 7편이다.

1. 「분재」 4단계 맛보기

비틀고 억제한 고통이
흙 속에 묻혀
어둠을 삼키는 뿌리의 시간

가지 끝에 앉은 별빛이
작은 숨결로도 우주를 품어라지만
사정없이 잘려나가는 청초했던 생각

온몸에 스며드는 고통을 쟁여

한 줌 남은 힘으로 밀어올리는
시간을 앓고 있는 비밀의 방

그대가 나를 다듬던 고통의 시간만큼
나는 그대를 키웠으니
봄은 멀고 뿌리는 부실한데
추억되지 못한 마음이 자라는 사이

-「분재」 전문

　*제1단계 스며드는 맛보기 : 맛을 그대로 음미하는 단계이다. "고통을 가지는 맛"이다.
　*제2단계 퍼져나는 느낌 잡기 : 맛을 붙든 다음에 오는, 퍼져나가는 느낌(머리속 그림자)을 잡아보는 단계이다. 고통을 가지기 다음에 남은 힘이 작용하는 시간 앓기 등이다. 이 시간 앓기는 그것 나름의 비밀의 방이 만들어져서 봄의 환희까지 이르는 과정에의 탐색이 존재한다는 것이다.
　*제3단계 가슴 울리는 자리 젖어 들기 : 메시지나 상황이 가슴을 울리기도 할 것이고 이미지나 정서가 그렇게 할 수 있을 것이다. 비틀고 억제하는 것, 사정없이 잘려나가는 청초함의 손실이 손실만으로 가슴을 아프게 한다.
　*제4단계 화자의 자리 서보기 : 화자의 처지가 되어 보는 단계이다. 제4연의 "그대가 나를 다듬던 고통의 시간만큼 '나는 그대를 키웠으니"에서 화자는

분재 작품이다. 분재가 되어가는 과정에서 분재가도 성장을 했고 언명하고 있다.

2. 「식혜, 그 강」 4단계 시 맛보기

노을이 강물에 스며들면
차가운 유리 속에서
출렁거리던 뭇별의 군무
황금빛 시간 어머니의 옛 노래

당신의 미소에
배 한 척 띄우면
솔향으로 번지는 시원한 가을바람
내 몸속의 피돌기

흐뭇한 미소로 찾아오는
달 달 시원한
어머니의 강

-「식혜, 그 강」 전문

 *제1단계 스며드는 맛보기 : "달 달한 식혜의 맛"이다.
 *제2단계 퍼져나는 느낌 잡기 : 시인은 어머니의 식혜를 통해 우주적 세계를 감각 하면서 그 세계가 어머니의 사랑이고 쉼 없는 어머니의 영역이라는

것에 동의하고 있다.

　*제3단계 가슴 울리는 자리 젖어들기 : 어머니의 강에 배 한 척 띄우면 솔향 번지는 어머니의 강이 흐른다. 그로써 나의 핏줄에 피돌기가 원만해진다.

　*제4단계 화자의 자리 서보기 : 화자는 어머니의 식혜의 유리잔 앞에서 통시적으로 역사로서의 어머니 옛노래 마을에 당도하고 있다. 거기 하늘에는 별들의 군무가 시작되고 있다.

3. 「까치의 편지」 4단계 시 맛보기

　　새벽이 종이를 접듯
　　하늘 가장자리를 접어 올리면
　　까막까치 소리 하나
　　푸른 빛 서명이 적힌 봉투를
　　부리로 꼭 찢는다

　　이슬 맺힌 가지 위
　　흔들리는 쉼표들이 어둠과 빛의 경계를
　　한 글자씩 옮겨 적을 때
　　아침은 비어 있는 우편함에
　　기대어 서 있다

　　까치의 노래는 닫힌 문틈으로
　　미끄러진 빛의 조각

그 소리에
세상은 눈을 뜨고
창가에 앉은 하루가
종이 비행기 되어
날아오른다

-「까치의 편지」 전문

*제1단계 스며드는 맛보기 : "신선한 아침맛"이다
*제2단계 퍼져나는 느낌잡기 : 까치가 부리로 찢는 봉투에서 개봉되는 사연이 세상의 눈을 뜨게 한다.
*제3단계 가슴 울리는 자리 젖어들기 : 새벽이 종이를 접듯 하늘 가장자리를 접어 올린다는 이미지가 가장 인상적이다. 종이접기로 미명을 걷어치운다는 것, 그 곁에 까치의 우편함 이미지를 결부시키고 있다. 시작이 반이라 했다. 반이라지만 이 시는 시작이 전부인 셈이다.
*제4단계 화자의 자리 서보기 : 화자는 까치처럼 종이 비행기를 띄우고 있다. 그 수신인은 독자이다. 그 속에 있는 문맥은 무엇일까. 세상이 눈을 뜬다는 것일 터이다.

4.「수박이 익어갈 때」4단계 맛보기

칼날이 닿자 쩍 여름 한낮이

갈라진다

어린 날 툇마루에 앉아 한 조각
베어물면
세상이 온통 달콤했다
씨앗처럼 박힌 별 헤며 밤이 깊어가는 줄 몰랐지

이제는 알 것 같다
그 붉음 뒤에 숨겨진 뜨거운 계절의 열정을
태양 아래 익어가는 동안 얼마나 많은 햇살을 담았을까

수박이 익어갈 때면
문득 잊었던 얼굴이 떠오른다
아스라한 여름날의 초상
 함께 웃고 함께 울던 그 모든 순간들이 붉은 씨앗처럼
박혀
 지워지지 않는 기억이 된다

껍질 버려진 자리
새로운 계절이 움트고
우리의 여름도
다시 익어가겠지

-「수박이 익어갈 때」 전문

*제1단계 스며드는 맛보기 : "세상이 달콤한 맛"이다
　*제2단계 퍼져나는 느낌 잡기 : 제4연이 그 해답이다. 문득 잊었던 얼굴, 아스라한 여름날의 초상이 기억의 씨앗이라는 것이다.
　*제3단계 가슴 울리는 자리 젖어 들기 : 씨앗처럼 박힌 별 헤며 밤이 깊어가는 줄 몰랐다는 자리이다. 이 구절은 윤동주를 연상케 한다. 별헤는 밤이 윤동주 말고 어디 있는가. 별 헤는 사람은 순정하고 진실하다. 그래서 죽어서 만 사람의 역사가 되는 것이리라.
　*제4단계 화자의 자리 서보기 : 수박이 껍질이 되면 새로운 계절이 움튼다는 것, 다음 계절이 기다리고 있다는 마음가짐이 있어서 생산적이다. 타고 남은 재가 다시 기름이 되는 경지이다.

5. 「겨울 목련」 4단계 맛보기

꽃이 피고 진다는 것은

무너지고 쓰러져도
다시 일어선다는 것이다
골고다의 약속처럼

눈이 오고
바람 불어도

그 약속 움켜쥔 조막손이
되는 것이다

할마씨 입에서
"이제 늙어서 꽃도 없는데 베삐라
소리를 들어도
잊힐세라 놓칠 세라 뿌리 속에 신음을 감추는 일이다

어느 봄날
삭정이뿐인 꼭대기 가지에
연분홍 구름 한 점 걸어놓는
일이다.

-「겨울 목련」 전문

*제1단계 스며드는 맛보기 : "재기(부활)의 맛"이다.
*제2단계 퍼져나는 느낌잡기 : 골고다의 약속, 뿌리 속에 신음 감추기에서 보이는 다짐의 이 악물기가 필요한 것이다.
*제3단계 가슴 울리는 자리 젖어 들기 : 눈이 오고 바람 불어도 그 약속 움켜쥔 조막손이 되자라는 기약이 귀중한 메시지이다.
*제4단계 화자의 자리 서보기 : 삭정이뿐인 꼭대기 가지에 연분홍 구름 한 점 걸어놓는 일, 무모하지만

도저한 결의에 차 있는 자세가 긴요한 것이다.

6. 「녹차」 4단계 맛보기

　　이슬에 얼굴 씻고 햇살에 말린
　　푸른 심장

　　선인(仙人)의 그림자
　　옛 이야기 속삭이듯
　　한 모금 스며들면

　　산천초목 혀 위에 피어나고
　　세상의 쓴 맛 잠시 녹아내려
　　푸르름만 남는다

　　찻잔 속 고요가 흔들릴 때마다
　　푸른 빛으로 마음을 적시며
　　침묵은 음악이 되어 흐른다

　　　　　-「녹차」 전문

　*제1단계 스며드는 맛보기 : "찻잔 속 고요의 맛"이다.
　*제2단계 퍼져나는 느낌 잡기: 차맛을 보는 사람의 경지에 들어 "산천초목 혀 위에 피어나고/ 세상의 쓴

맛 잠시 녹아내린다"에 꽂히는 시간이다.

   *제3단계 가슴 울리는 자리 젖어들기 : 어찌하면 찻잔 음미 하는데 음악이 흐를 수 있을까? 흐른다면 국악일 가능성이 높고, 가야금이나 아쟁이나 부분적으로는 단소가 될 수 있을 것이다. 어쩌면 김수악 선생의 구음이 들어와 국악 최고의 무의미 언어의 흐름이 될 것이다.

   *제4단계 화자의 자리 서보기 : 화자가 녹차를 마시며 신선이 노니는 장소성에 전설적 사랑이 싹트는 것에 주목을 할 필요를 느낀다. 나는 최근 차의 선구자 아인선생 기념차 〈아인호〉를 받아 언제 신선처럼 마실 수 있을까 걱정하고 있다.

7. 「8월 어느 아침」 4단계 맛보기

   하루를 걸머지고 어디론가
   떠나가는 구름 한 조각

   까치가 물어다 놓고 간 태양빛이
   아침 가득 눈부시다

   하늘 위 뭉게구름 어머니 같고
   동무 같은데

   구슬픈 뻐꾸기 소리

아지랑이 너울댄다

-「8월 어느 아침」 전문

　*제1단계 스며드는 맛보기 : "아지랑이 너울지는 맛"이다.
　*제2단계 퍼져나는 느낌 잡기 : 까치가 물어다 놓고 간 태양빛 눈부시다. 뭉게구름 어머니 같다.
　*제3단계 가슴 울리는 자리 젖어들기 : 왜 8월 뻐꾸기 소리는 구슬프게 울까? 논밭에 나가 일하는 일꾼들이 최근 어머니를 잃은 사람이 있을지 모르겠다. 혹은 8월에 제삿날이 다가오는지도 모르겠다.
　*제4단계 화자의 자리 서보기 : 첫 연에서 구름 한 조각이 떠나가는데 화자의 가슴 중에서도 떠나가는 처지가 되어 있을지도 궁금하다. 그 밖에서 구슬픔이 있다면 그 경우가 무엇이 있는지 살펴보는 시간이 되었으면 한다.

Ⅲ 마무리

　지금까지 필자의 '시 맛보기' 이론 4단계에 따라 윤기환의 시 7편을 맛보기 했다. 그러다 보니 시를 감상하는데 시를 한 편 전체를 요약하거나 줄거리를 찾아내는 일에 있어서는 소홀한 부분이 있음을 발견하게 된다.

 그러나 시를 관념으로 파악하거나 내용상의 정리를 중심으로 접근하지 않고 통째로 읽어서 맛이나 느낌을 찍어낸다는 점에서는 시사하는 바가 있었다. 시는 가볍게 뜻에 집중하는 것보다 부분적 터치로 감별사의 효과적 찔러보기도 유효하지 않을까 한다.

 필자는 맛보기 이론을 통해 중등학교 국어시간 시 분야 공부에서 감동할 만한 성과와 다양성 시론 정립에 도움을 받았다. 특히 아직 시에서 자기 목소리가 일관되게 드러나 있지 않은 경우, 우리는 조심스럽게 원 포인트 과녁을 건드리기 접근법이 필요하다. 한 술에 배부르지 않듯 지금부터다. 쉼 없는 정진을 통하여 시단의 모퉁이에 앉아도 어색하지 않은 좋은 시를 많이 쓰기를 바란다. 첫 시집 출간이 시작이다. 그의 장도에 힘찬 응원의 박수를 보내며, 그만의 일가를 이루기를 바란다.